Martin Stiefenhofer

55 TIPPS...

wenn Ihr Kind
Angst hat

CHRISTOPHORUS

55 TIPPS...

wenn Ihr Kind Angst hat

INHALT

Ängste
gehören dazu

Zu der Entwicklung eines Kindes gehören auch Ängste. Angefangen bei den Trennungsängsten des Kleinkinds, das ohne die Mutter nicht auszukommen glaubt, über die „magische Phase" beim Vorschulkind, in der Fantasiegestalten zu bedrohlichen Monstern werden können, bis hin zur Existenzangst von Schulkindern, denen der Stress und die Anforderungen ihres Lebensalltags über den Kopf wachsen, ist das Heranwachsen mit einer Menge von Erlebnissen und Erfahrungen verknüpft, die Verunsicherungen, Zweifel und Ängste auslösen. Sie zu überwinden und zu lernen, mit ihnen umzugehen, ist eine wichtige Aufgabe, bei der Eltern ihre Kinder unterstützen können. Beispiele, besonders für Vorschulkinder, finden Sie in diesem Buch.

Welche Funktion hat die Angst?

Angst löst körperliche Reaktionen aus, die von der Natur als Schutzmechanismus vorgesehen sind. So verhindert beispielsweise der Flucht- oder Erstarrungsreflex, dass wir uns in gefährliche Situationen begeben. In gewissen Momenten sind Ängste sicher angebracht, z.B. die Angst vor einem Raubtier oder Kettenhund. Viele dieser angeborenen Verhaltensweisen scheinen aber im heutigen Leben überflüssig oder sogar störend zu sein. Dennoch, Angstgefühle lassen sich nicht einfach abschalten oder abgewöhnen, und so sollte es nicht das Ziel sein, Ängste zu unterdrücken oder ihnen auszuweichen, sondern es gilt vielmehr mit Ängsten richtig umzugehen – sie sind ein unverzichtbarer Bestandteil des menschlichen Lebens.

Wie äußert sich Angst bei Kindern?

Dass Eltern im Umgang mit Säuglingen zunächst unsicher oder ängstlich sind, ist nichts Ungewöhnliches. Doch das Gefühl der Angst kann sich genauso wie das Gefühl der Freude, der Geborgenheit und Zufriedenheit auf das Kind übertragen. Eine positive, sichere Grundstimmung beim Umgang mit Säuglingen und Kleinkindern ist wichtig, um ihnen ein Gefühl der Sicherheit zu vermitteln.

Angst vor Trennung und vor fremden Menschen, das so genannte „Fremdeln", tritt bei allen Kleinkindern in mehr oder weniger starker Form ab etwa dem achten Lebens-

monat auf. Sie sind auf elterliche Fürsorge angewiesen, und so ist die Befürchtung, die Mutter könnte nicht wiederkommen, die ursprünglichste aller Ängste. Einerseits sind Anklammern und Protest bei Trennungen die Anzeichen dafür, andererseits äußert sich die Angst im Ablehnen von Fremden durch Entziehen, Wegdrehen und Quengeln.

Im Verlauf der Entwicklung können weitere Anzeichen auftreten, wie etwa unsicheres Verhalten, Einschlaf- und Durchschlafstörungen und verstärkte Vermeidungsstrategien. Auch Aggressivität als Ausdruck von Unsicherheit und Angst ist bei Vorschulkindern manchmal zu beobachten. Und ebenso können Bettnässen und Stottern Signale dafür sein, dass ein Kind eine seelische Last mit sich herumträgt.

Im Grundschulalter treten häufig körperliche Störungen als Zeichen von Angst auf: Bauchschmerzen, Engegefühle und der berühmte „Kloß im Hals" treten vor allem bei bevorstehenden Schularbeiten auf. Die Rollenfindung innerhalb der Klassengemeinschaft und die verstärkte Orientierung an Gleichaltrigen kann für Kinder ebenfalls eine große Belastung sein und Ängste auslösen.

Gehen Sie auf die Ängste Ihres Kindes ein.

Wie oben bereits erwähnt – Ängste sind in bestimmten Entwicklungsphasen wichtig, ja fast zwangsläufig, und sie sollten nicht beiseite geschoben werden. Auf den folgenden Seiten finden Sie 55 Tipps und Ideen, wie Sie einfühlsam und spielerisch auf die Ängste Ihres Kindes eingehen können.

1. Trennungs- und Verlustängste

Eigentlich sollte Ihr Kind es ja inzwischen wissen: Sie kommen natürlich zurück vom Einkaufen, vom Arztbesuch, vom Treffen mit einer Freundin oder der Nachbarin. Doch vielen Kindern fällt es schwer, sich zu verabschieden, loszulassen, den Blickkontakt zu ihrer wichtigsten Bezugsperson zu verlieren. Was ist, wenn Mama etwas passiert? Wenn sie nicht mehr zurückkommt? Wenn sie mich vergessen hat? Schnell verwandeln sich kleine Unsicherheiten in existenzielle Ängste, denn die Mutter/der Vater sind das Tor zur Welt. Ohne Sie fühlt sich jedes Kind schnell verloren, und schon der Gedanke daran kann Angst machen. Ist es also ein Wunder, dass Ihr Kind ängstlich reagiert, wenn Sie weggehen wollen? Das beste Rezept für dieses Problem heißt: Vertrauen und positive Erfahrungen vermitteln. Die folgenden Spiele können Sie dabei unterstützen.

Tipp 1

DER MUT-TUNNEL

In Spielwarenläden gibt es Kriechtunnels aus Segeltuch oder einem ähnlichen durchscheinenden Kunststoffmaterial zu kaufen. Man sie auch problemlos selbst herstellen. Durch so eine Röhre zu kriechen macht den meisten Kindern Spaß, auch wenn sie sich anfangs ein bisschen überwinden müssen. Die Länge dieser Kriechtunnels lässt sich verändern, sodass Ihr Kind zuerst nur etwa einen halben Meter kriechen muss, um wieder sicher in Ihren Armen zu landen. Halten Sie zunächst dauernd Blickkontakt mit Ihrem Kind. Mit der Zeit wird es sich daran gewöhnen, erst eine Strecke krabbeln zu müssen, um Sie wieder sehen zu können. Je länger die Röhre ist, umso mehr Spaß macht es schließlich. Um das Tunnelkriechen abwechslungsreicher zu gestalten, können Sie kurze Strecken der Tunnelröhre verdunkeln, indem Sie eine Decke über die Röhre legen, oder den Ausgang mit einer Wolldecke verhängen, die Ihr Kind dann beiseite schieben muss. Jedenfalls wird es auf diese Weise erfahren, dass es immer wieder sicher bei Ihnen landet, auch wenn Sie eine Zeit lang nicht zu sehen oder zu hören sind.

Tipp 2

BÄNDERLABYRINTH

Basteln Sie gemeinsam mit Ihrem Kind ein Bänderlabyrinth, indem Sie auf ein großes Stück Karton lange, bunte Stoffstreifen (ca. 5 Zentimeter breit und 1,5 bis 2 Meter lang) dicht an dicht kleben. Dann wird der Karton mit diesem dichten Bändervorhang so an der Decke oder an einem Türdurchgang befestigt, dass die Bänder maximal 10 Zentimeter über dem Boden enden. Jedes Mal, wenn Ihre Tochter oder Ihr Sohn den Raum verlassen oder betreten, müssen sie durch das Bänderlabyrinth gehen, das ihnen für kurze Zeit Sicht und Orientierung nimmt. Falls diese Tatsache zuerst ein mulmiges Gefühl bei Ihrem Kind auslöst, sollten Sie sich auf die andere Seite des Labyrinths stellen und Ihr Kind ermuntern, hindurchzugehen. Mit der Zeit jedoch wird es seine Angst überwinden.

Tipp 3

DIE PAPP-UHR

Die Zeit vergeht oft für Kinder unendlich langsam, vor allem dann, wenn sie auf etwas warten müssen. Trotzdem hilft es ihnen zu wissen, wann die Mutter oder der Vater wieder zurück sind. Basteln Sie zusammen mit Ihrem Kind eine Uhr aus Pappe, die lustig bemalt wird. Auf einem großen Zifferblatt werden der Stunden- und Minutenzeiger mit einer Versandtaschen-Klammer befestigt, so dass die Zeiger bewegt werden können. Die Uhr sollte ähnlich aussehen wie eine gut lesbare Uhr in Ihrer Wohnung. Wenn Sie jetzt eine Erledigung außer Haus machen und Ihr Kind in die Obhut von Nachbarn oder eines Babysitters geben müssen, stellen Sie auf der Pappuhr gemeinsam mit Ihrem Kind die Zeit Ihrer Rückkehr ein. Jetzt kann es die Zeiger auf der Pappuhr immer mit den Zeigern auf der richtigen Uhr vergleichen. Machen Sie Ihrem Kind klar, dass es keine Angst haben muss und Sie bis zum angegebenen Zeitpunkt ganz sicher wieder da sind. Achten Sie vor allem am Anfang darauf, auch wirklich pünktlich zurück zu sein.

Tipp 4

DER KINDERWÄCHTER

Ein Knuddeltier Ihres Kindes oder ein anderes Lieblingsspielzeug wird zum „Kinderwächter" bestimmt, der die Aufgabe hat, während Ihrer Abwesenheit alles Bedrohliche von Ihrer Tochter oder Ihrem Sohn abzuwehren. Erzählen Sie Ihrem Kind die Geschichte vom Kinderwächter und geben Sie ihm gemeinsam einen Namen. Von jetzt an bekommt er immer, wenn Sie weggehen, einen festen Platz auf dem Regal, neben der Tür, auf dem Fensterbrett oder einer anderen Stelle, wo er alles überblicken kann. Dort sorgt er dafür, dass keiner hereinkommt, der nicht willkommen ist.

Die Geschichte vom Kinderwächter

Manchmal haben Kinder Angst, wenn Mutter oder Vater wegmüssen, das ist ganz normal. Doch gegen diese Angst gibt es den Kinderwächter. Jedes Kind, das einen Kinderwächter will, bekommt auch einen. Wie der Kinderwächter aussieht, das wissen nur das Kind selbst, seine Mutter und sein Vater. Der Kinderwächter passt gut auf, wenn die Eltern weg sind. Dazu musst du ihn nur auf seinen Platz setzen, den ihr gemeinsam ausgesucht habt. Dann brauchst du keine Angst mehr zu haben. So lange Mama und Papa weg sind, passt der Kinderwächter auf dich auf, und wenn sie zurück sind, darf er sich ausruhen. Hast du schon einen Kinderwächter? Wenn nicht, dann such dir einen. Und wenn du ihn eines Tages nicht mehr brauchst, verschenkst du ihn einfach an ein Kind, das ihn haben möchte.

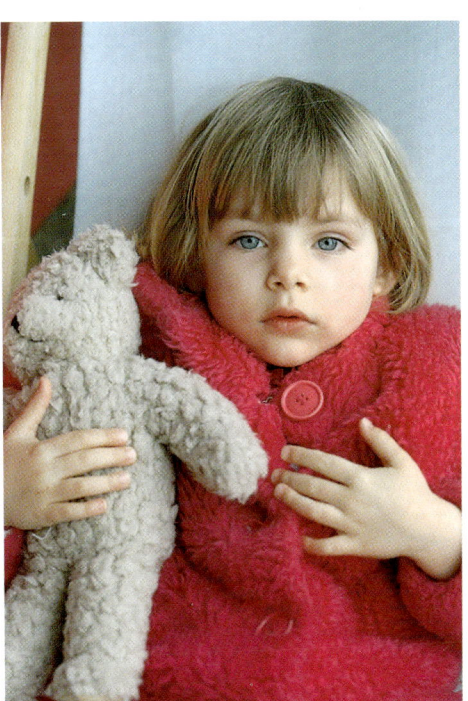

Tipp 5

KLEINE BELOHNUNGEN

Belohnungen sollten immer gezielt und sparsam eingesetzt werden. Wenn Sie auf diese Weise Ihrem Kind helfen wollen, eine angsterfüllte Zeit des Wartens und der Trennung besser auszuhalten, dann ist ein kleines Mitbringsel auf jeden Fall angebracht. Sagen Sie Ihrem Kind, wie lange Sie weg sein werden und erklären Sie ihm, weshalb es nicht mitkommen kann und dass sich die Nachbarin oder der Babysitter freut, ein bisschen Gesellschaft zu haben. Die Angst und der Trennungsschmerz treten in den Hintergrund, wenn sich Ihr Kind auf ein kleines Mitbringsel freuen kann, irgendeine Kleinigkeit, die Sie unterwegs entdecken, auch wenn es nur ein besonders schöner Kieselstein oder eine Blume ist. Erzählen Sie bei Ihrer Rückkehr, wo Sie dieses Mitbringsel gefunden haben. Oder Sie stellen Ihrem Sohn oder Ihrer Tochter am Wochenende einen Zoobesuch, einen Spaziergang durch den Wald oder einen gemeinsamen Besuch bei Freunden oder Verwandten in Aussicht. Auf diese Weise lässt sich die Angst vor Trennung ersetzen durch Erfahrungen und Erwartungen, die positiv besetzt sind.

Tipp 6

ÜBERRASCHENDE RÜCKKEHR

Gerade wenn ein Kind Angst davor hat, auch nur kurze Zeit von der Mutter oder dem Vater getrennt zu werden, ist es wichtig, nicht heimlich zu verschwinden, sondern ihm klarzumachen, dass diese kurze Trennung sein muss. Wenn Ihr Kind alt genug ist, um einsehen zu können, dass Sie es für eine Weile mit Geschwistern, Verwandten oder einem Babysitter allein lassen müssen, dann sollten Sie das Ihrem

Kind auch sagen. Erklären Sie ihm kurz, wohin Sie gehen und wann Sie spätestens zurückkommen. Gehen Sie dann aus dem Haus und kommen Sie deutlich früher als angekündigt zurück. Ihre Tochter oder Ihr Sohn wird jetzt überrascht sein, denn sie oder er hatte erwartet, dass Sie wesentlich länger unterwegs sein würden. Diese überraschende Rückkehr wird Ihr Kind freuen, aber auch irritieren. Es hatte Ihre Abwesenheit akzeptiert und begonnen, die Zeit ohne Sie zu gestalten.

Angst und Vertrauen gehören eng zusammen und die folgenden Vertrauensübungen zeigen Ihrem Kind, dass es keine Angst haben muss, auch wenn es nicht die uneingeschränkte Kontrolle über eine Situation hat.

▶ Stellen Sie sich einige Meter von Ihrem Kind entfernt auf und sagen Sie, es soll mit ausgestreckten Armen auf Sie zulaufen, so schnell es kann. Mitten im Lauf fangen Sie dann Ihren Sohn oder Ihre Tochter wie einen fliegenden Engel auf und drehen sich mit ihm.

Tipp 7

BLINDES VERTRAUEN

▶ Stellen Sie sich hinter Ihr Kind, das mit geschlossenen Augen und seitlich weggestreckten Armen stocksteif dastehen soll. In dieser Haltung soll es sich aufrecht nach hinten kippen lassen, und Sie fangen es sanft auf, bevor es zu Boden fällt. Zu Anfang der Übung sollten Sie dabei Ihr Kind relativ früh auffangen.

▶ Führen Sie Ihr Kind, das die Augen fest geschlossen halten soll, an der Hand durch die Wohnung, ein Stück durch den Supermarkt, zum Einkaufen usw.

▶ Stellen Sie sich einige Meter entfernt von Ihrem Kind auf und sagen Sie, es soll die Augen geschlossen halten. Dann leiten Sie es durch Zurufen durch den Flur, durch die Wohnung, über den Spielplatz oder einen anderen sicheren Ort.

2. Angst vor Fremden und Schüchternheit

Ob ein Kind im Vorschulalter offen auf andere Menschen zugeht oder schüchtern ist und sich im Kontakt mit Fremden und nicht Vertrauten eher zurückzieht, hat sicherlich viel mit dem Wesen des Kindes zu tun. Eltern schüchterner Kinder sollten aber immer im Hinterkopf behalten, dass die Vorsicht ihres Kindes im Grunde eine ganz gesunde Schutzfunktion hat.

Dennoch ist es sicherlich hilfreich, allzu ängstlichen und verschlossenen Kindern zu helfen, sich zu öffnen. Alle Kinder brauchen starke, verlässliche Bindungen im familiären Kreis. Zeigen Sie Ihrem Kind, dass Sie es als eigenständigen Menschen akzeptieren, und fördern Sie so seine Entwicklung zu einem selbstbewussten und toleranten Menschen. Gehen Sie selbst offen auf Nachbarn und Bekannte zu, denn so vermitteln Sie auch Ihrem Kind, dass Beziehungen außerhalb des Familienkreises wichtig sind. Es sollte auch erfahren, dass auch Konflikte zu einer guten Beziehung dazugehören und dass diese sich lösen lassen.

Wichtig ist, dass Sie alle Ängste Ihres Kindes ernst nehmen. Reden Sie mit ihm über seine Unsicherheiten und Ängste. Lassen Sie ihm Zeit, und helfen Sie ihm mit den Spielen und Aktionen des folgenden Kapitels, Fremde aus einem anderen Blickwinkel zu betrachten, sie zu akzeptieren und ihnen näher zu kommen.

Tipp 8

SO GROSS BIN ICH!

Angst vor anderen zu haben, das hängt bei Kindern oft auch damit zusammen, dass die anderen groß, sie selbst aber klein sind. Zur Überwindung dieser Ängste kann ein kleines Spiel helfen. Breiten Sie alte Tapetenrollen auf dem Boden aus. Nun legen Sie sich auf den Rücken, die Arme und Beine leicht abgespreizt, und Ihr Kind überträgt mit einem dicken Filzstift oder einem Wachsmalstift Ihren Körperumriss auf das Papier. Dann legt sich Ihr Kind auf das Papier und Sie zeichnen seine Umrisse nach. So nebeneinander sieht man ganz gut den Größenunterschied zwischen Ihnen und Ihrer Tochter bzw. Ihrem Sohn. Betrachten Sie die beiden gezeichneten Figuren. Wie viel größer sind Sie als Ihr Kind? Wie viel älter sind sie? Messen Sie den Größenunterschied und zeichnen Sie an, wie viel größer das Kind in ein, zwei, fünf und zehn Jahren sein wird. Überlegen Sie sich gemeinsam, was in dieser Zeit alles passieren könnte, welche Klasse es dann besucht, welche Hobbies es vielleicht hat und wie viele Freunde. Zeigen Sie anhand der Umrisse, dass große Menschen auf kleinere Menschen Rücksicht nehmen und auf sie aufpassen. Wenn Ihre Tochter oder Ihr Sohn größer wird, dann fällt ihr bzw. ihm diese Verantwortung für all jene zu, die dann so klein sind wie sie oder er jetzt. Zeichnen Sie auf der anderen Seite Ihrer Silhouette auf, wie groß Sie selbst in welchem Alter ungefähr waren, was sie zu der Zeit alles gemacht und wie viele Freunde Sie selbst damals gehabt haben.

Tipp 9

EIN GEMEINSAMER SPIELE-NACHMITTAG

Bauen Sie für Ihr schüchternes Kind Brücken, damit es andere Kinder kennen lernen kann. Organisieren Sie mit Ihrer Tochter oder Ihrem Sohn einen Spiele-Nachmittag, bei dem Kinder aus der Nachbarschaft und dem Freundeskreis Ihres Kindes eingeladen sind. Überlegen Sie gemeinsam, unter welchem Thema der Nachmittag stehen könnte, und planen Sie ein paar Spiele, Basteleien und Aktionen. Ihr Kind sollte dabei Vorschläge machen und Spiele aussuchen, die es kennt und bei denen es sich sicher fühlt. In der Vertrautheit der eigenen Wohnung kann Ihre Tochter oder Ihr Sohn unbefangener und leichter auf andere zugehen. Während den Spielen und Aktionen sollten Sie nur eingreifen, wenn es die Kinder wünschen. Halten Sie sich ansonsten im Hintergrund, am besten gehen Sie in ein anderes Zimmer und lassen Sie die Kinder ganz allein spielen.

Tipp 10

GEFÜHLE INS GESICHT GESCHRIEBEN

Legen Sie alte Zeitschriften, eine Schere und ein paar leere Blätter bereit. Nun gehen Sie daran, gemeinsam mit Ihrer Tochter oder Ihrem Sohn in den Zeitschriften nach Menschen und ihrem Gesichtsausdruck zu suchen. Schneiden Sie alle die Gesichter aus, die Sie finden können, alte und junge, fröhliche und traurige, lachende und grimmige. Legen Sie diese Gesichter neben- und

untereinander auf ein Blatt Papier. Dann schauen Sie sich die Gesichter der Menschen nacheinander an. Zu jedem der Gesichter gibt es etwas zu sagen, etwa: „Der Mann hat einen Bart wie Onkel Herbert", oder: „Dieses Mädchen sieht aus wie

Erika von nebenan." Fragen Sie dabei immer zuerst Ihr Kind, was ihm an dem betreffenden Gesicht auffällt. Wenn Sie gemeinsam alle Gesichter angeschaut haben, soll Ihr Kind sie in zwei Gruppen sympathische und unsympathische Gesichter aufteilen und auf separate Blätter legen. Bei den unsympathischen Gesichtern lohnt sich ein weiterer Blick. Fragen Sie Ihr Kind, weshalb der Mann oder die Frau so grimmig schaut. Vielleicht ist er oder sie gerade gestolpert oder hat sich geärgert. Vielleicht ist das sonst ein ganz netter Mensch, der nur in diesem einen Augenblick so unsympathisch aussieht. So können sich interessante Geschichten ergeben und zum Schluss wird Ihr Kind sicher einige der zunächst unsympathischen Gesichter sympathischer finden und seine Ängste gegenüber Fremden abbauen können.

Tipp 11

ÄNGSTLICHE TIERE

Es gibt verschiedene Möglichkeiten, auf Angst zu reagieren. Finden Sie mit Hilfe des folgenden Spiels gemeinsam mit Ihrem Kind heraus, wie es auf seine Angst reagiert, und überlegen Sie, welche anderen Möglichkeiten es gibt. Vor allem kleineren Kindern macht es viel Spaß, Tiere darzustellen: Was machen sie eigentlich, wenn sie Angst haben?

▶ Der Igel: Er kugelt sich zusammen und streckt die Stacheln in alle Richtungen. Lasst mich in Ruhe, heißt das, kommt mir nicht zu nahe, sonst tu ich euch weh!

▶ Der Löwe: Auch der Löwe kann Angst haben, aber dann fängt er laut an zu brüllen, die Zähne zu zeigen und zu drohen. Je lauter er brüllt, desto mehr Angst bekommen die anderen vor ihm.

▶ Das Reh: Es ist immer aufmerksam und unruhig, dauernd schaut es umher, und sobald ihm etwas komisch vorkommt, läuft es in großen Sätzen davon. Es will schneller sein als seine Angst.

▶ Der Maulwurf: Er gräbt sich unter der Erde durch, weil es ihm oben zu gefährlich ist. Ab und zu kommt er hoch ans Licht, doch nicht allzu lang.

▶ Der Schwan: Wenn ihm etwas zu nahe kommt, dann plustert er sich auf, macht sich groß, breitet seine mächtigen Schwingen aus und faucht.

▶ Überlegen Sie gemeinsam weiter, wie Hase, Biene, Bär, Schnecke, Schwein, Katze und all die anderen Tiere reagieren. Jetzt kann Ihr Kind vielleicht auch sein eigenes Verhalten besser einordnen.

Tipp 12

LAUT UND LEISE

Schüchterne Kinder reden oft leise und vorsichtig, die meisten reagieren verschreckt auf das lautstarke, prahlerische Geschrei anderer Kinder. Machen Sie Ihrem Kind mit einem kleinen Spiel bewusst, dass es wichtig ist, wie man etwas sagt. „Der Ton macht die Musik", heißt es so schön, und so üben Sie mit Ihrem Kind verschiedene Tonfälle:

▶ Eine Antwort, leise wie das Piepsen eines Vögelchens oder einer Maus.
▶ Ein Satz, geschnurrt wie eine zufriedene Katze.

▶ Eine Frage, gebellt wie ein kläffender Hund.
▶ Eine empörte Reaktion, gebrüllt wie ein Löwe.
▶ Eine Idee, heraustrompetet wie ein Elefant.

Finden Sie gemeinsam andere Beispiele und überlegen Sie, wann es angebracht ist zu trompeten wie ein Elefant oder zu piepsen wie ein Mäuschen. Um sich gegen andere besser zu behaupten, soll sich Ihre Tochter oder Ihr Sohn öfter die „größeren Tiere" zum Vorbild nehmen!

Tipp 13

GEFÜHLE ZEIGEN

Die Angst ist ein Gefühl wie jedes andere, und sie soll auch gezeigt und benannt werden wie jedes andere Gefühl. Um mit Ängsten umgehen zu können, müssen sie zunächst erkannt und akzeptiert werden. Füllen Sie mit Ihrem Sohn oder Ihrer Tochter eine Gefühlstabelle aus, die folgendermaßen aussehen könnte:

Gefühl	Situation	So reagiere ich	Was ich dagegen tun kann
Langeweile	Wenn niemand mit mir spielt	Ich bin sauer	Freunde besuchen, lesen
Freude			
Trauer			
Ärger			
Angst			
...			

Es gibt viele verschiedene Situationen für die einzelnen Gefühle, und für alle Situationen gibt es eine Lösung, ein angemessenes Verhalten. Besprechen Sie mit Ihrem Kind die verschiedenen Situationen, in denen es Angst hat oder sich unsicher fühlt; das ist der erste und wichtigste Schritt. Überlegen Sie dann gemeinsam, wie es diese Ängste gegenüber anderen Menschen überwinden kann.

Tipp 14

VORSTELLUNGS-GESCHICHTE

Gedanken haben große Kraft, und genauso wie durch eine negative Einstellung vieles verhindert wird, lassen sich mit positiven Gedanken auch Ängste und Schüchternheit überwinden. Lesen Sie Ihrem Kind die folgende Geschichte vor oder erfinden Sie eine eigene ähnliche Geschichte, die ihm hilft, seine Schüchternheit und Angst gegenüber Fremden zu überwinden. Ihr Kind sollte entspannt auf dem Rücken liegen und mit geschlossenen Augen zuhören, während Sie mit ruhiger Stimme sprechen.

Im großen Spielegarten

Stell dir vor, du gehst spazieren. Es ist sonnig und schön warm, die Vögel zwitschern und Schmetterlinge fliegen durch die Luft. Du kommst an einen Garten, der von einer hohen Hecke umgeben ist. An dieser Hecke schlenderst du entlang, ganz gemütlich und langsam. Schließlich erreichst du ein Gartentor aus weiß gestrichenem Holz. Es steht weit offen und du siehst, dass hinter dieser Hecke ein großer, schöner Garten liegt. Eine weitläufige Wiese mit hohem Gras und vielen Blumen liegt vor dir. Ein paar hohe Bäume stehen da, und von weitem hörst du fröhliche, ausgelassene

Kinderstimmen. Bestimmt spielen die Kinder. Du bist neugierig und gehst durch das Tor in den Garten. Auch hier ist es schön warm. Du gehst durch das duftende Gras langsam in den Garten hinein. Die Stimmen werden lauter, und dann siehst du ein paar Kinder, die an einem kleinen Bach spielen. Du bleibst stehen und schaust zu. Die Kinder bauen einen kleinen Damm am Bach und lassen Schiffe auf dem Wasser fahren. Du bekommst ein komisches Gefühl. Was werden sie sagen, wenn sie dich sehen? Du bist in einem fremden Garten. Vielleicht werden dich die anderen verjagen? Dann siehst du, wie die Kinder auf dich zeigen und dir winken. Ein Mädchen stellt sich auf die Zehenspitzen, winkt zu dir her und ruft: „Hallo, hallo, komm doch her, spiel doch mit. Ich heiße Lisa. Wir brauchen beim Dammbauen jede Hand." „Prima, klar komme ich", rufst du und läufst los. Die Blumen duften, die Sonne scheint, und du freust dich, dass du neue Freunde gefunden hast, mit denen du am Bach spielst.

Immer wenn du unsicher bist, denkst du an deine Freunde im großen Spielegarten. Auch andere Kinder spielen gern mit dir, und wenn du dich traust hinzugehen, lernst du immer mehr Freunde kennen.

Tipp 15

DEN EIGENEN KÖRPER KENNEN LERNEN

Wer sich selbst und seinen Körper kennt und akzeptiert, geht auch offener und weniger befangen mit anderen um. Fördern Sie also bei Ihrem Kind das Wissen und den Kontakt zum eigenen Körper. Vor einem großen Spiegel lassen sich die folgenden Spiele am besten gemeinsam ausführen.

▶ **Frisurenvariationen:** Mit Bürste, Klemmen und Bändern die Haare zu Zöpfen und Büscheln zusammenstecken, verschiedene Scheitel ausprobieren, alle Haare von vorn nach hinten, von hinten nach vorn, von links und von rechts frisieren und von allen Seiten im Spiegel betrachten.

▶ **Fratzen schneiden:** Die verschiedensten Grimassen schneiden und von einem Extrem ins andere fallen. Lachen und weinen, glücklich und traurig, nachdenklich und ausgelassen, verrückt und ernst ausschauen. Zunge und Zähne betrachten, den Hals recken und den Kopf verdrehen usw.

▶ **Das sind meine Hände und Arme:** Die Symmetrie der Arme und Hände betrachten, Länge und Dicke von Ober- und Unterarm, Händen und Fingern vergleichen, Arme strecken und anwinkeln, kitzelige Stellen suchen, symmetrische und asymmetrische Figuren mit Fingern und Armen darstellen, Arme traurig hängen lassen, vor Freude in die Hände klatschen usw.

▶ **So sehen Brust, Bauch und Rücken aus:** Von hinten ist alles flach und gerade, Brust und Bauch wölben sich vor, verändern sich beim Ein- und Ausatmen. Untersuchen, wo Schulterblätter, Wirbelsäule, Brustkorb, Herz, Magen usw. sitzen. Welche Geräusche gibt der Bauch von sich, wie hört sich das Klopfen des Herzens und die Lungentätigkeit an? Auf Bauch und Brust trommeln, schnell und langsam atmen, Bauch einziehen und aufblähen usw.

▶ **Po, Beine und Füße:** Auf dem Boden sitzen und Füße und Zehen betrachten. Mit den Zehen wackeln, Fußflächen aufeinander legen, kitzelige Stellen suchen. Auf dem Rücken liegen, Beine und Füße in die Luft strecken, Knie anwinkeln, Rad fahren in der Luft, Beine grätschen, strecken und anziehen. Im Stehen verschiedene Standpositionen ausprobieren, auf einem Bein, auf Zehenspitzen, gegrätscht usw.

▶ Schließlich werden die Kleider wieder angezogen. Was für ein Unterschied: Durch die Kleider sieht man nichts, doch Ihr Kind weiß jetzt ganz genau, wie es darunter aussieht.

Tipp 16

KONTAKTE KNÜPFEN

Nach einem Wohnortwechsel sind oft auch die alten Freunde nicht mehr erreichbar, und fremde Kinder anzusprechen und mit ihnen zu spielen, das fällt manchen Kindern schwer. Ein kleines vorbereitendes Rollenspiel kann da helfen. Sie selbst übernehmen bei diesem Spiel den Part des fremden Kindes, das im Sandkasten sitzt und spielt. Ihr Kind soll sich nun vorstellen, den Kontakt herstellen und mitspielen zu wollen. Bestimmt fällt ihm oder ihr bald eine Frage ein, etwa: Bist du auch neu hier, oder: Hast du noch eine Schaufel? Machen Sie es Ihrem Kind aber nicht zu leicht. Auch im richtigen Sandkasten muss es damit rechnen, dass nicht jedes andere Kind aufgeschlossen reagiert, sondern vielleicht erst einmal nur einsilbig antwortet, gar nichts sagt oder sich sogar wegdreht. Überlegen Sie sich gemeinsam ein paar Fragen, mit denen Ihr Kind die Aufmerksamkeit und Neugier anderer Kinder wecken kann.

Tipp 17

WASSERSCHEU?

Manche Kinder sind regelrechte Wasser-
ratten, andere haben eine Scheu vor dem
nassen Element, die sich manchmal zu einer
Angst steigern kann. Zwingen Sie Ihr Kind
niemals, im Schwimmbad ins Wasser zu
gehen, sondern machen Sie es spielerisch
neugierig auf dieses besondere Element.

▶ Beginnen Sie mit gemeinsamem Plan-
schen im Waschbecken oder einer kleinen
Schüssel.

▶ Schenken Sie Ihrem Kind ein aufblasba-
res Gummitier speziell zum Spielen im
Schwimmbad.

▶ Organisieren Sie mit befreundeten Fami-
lien gemeinsame Ausflüge ins Schwimmbad, bei denen auch andere Kinder dabei
sind.

▶ Begleiten Sie Ihr Kind immer ans Wasser,
wenn es das wünscht, und gehen Sie
gemeinsam mit ihm nur so weit hinein,
wie es möchte.

▶ Veranstalten Sie kleine Spiele im sicheren Kinderbecken, bei denen zum Beispiel Tiere nachgeahmt werden: Elefan-
ten an der Tränke, Flusspferde, Krokodile
usw.

▶ Beobachten Sie gemeinsam andere Kin-
der, die mit Schwimmflügelchen und
Schwimmring ausgerüstet die ersten
Schwimmversuche machen.

▶ Üben Sie keinen Erfolgsdruck aus und
lassen Sie sich keine Erwartungshaltung
anmerken. Loben Sie Ihr Kind über-
schwänglich für seinen Mut, wenn es sich
allein ins Wasser traut oder einen Schritt
in Richtung Überwindung seiner Angst
vor dem Wasser macht.

3. Angst vor der Nacht und andere Fantasieängste

Im Vorschul- und frühen Grundschulalter durchlaufen alle Kinder die so genannte „Magische Phase", die durch eine rege Fantasietätigkeit gekennzeichnet ist, bei der sich Realität und Gedankenwelt vermischen. Tagsüber nehmen die Kinder viele Eindrücke auf, die sie in der Ruhephase gegen Abend aufzuarbeiten beginnen. Gerade am Abend und in der Nacht, wenn die ganze Wohnung still und dunkel ist, die Hektik nachlässt, herrscht eine eigentümliche Stille, die manchen Kindern bedrohlich vorkommt. Die Geschehnisse können nicht mehr beeinflusst, Beziehungen nicht gepflegt und gestaltet werden. All die Dinge, deren man sich am Tag durch Nachfragen und Zusichern immer wieder vergewissern kann, drohen jetzt in Zweifel und Unsicherheiten zu versinken. Alpträume, Angstfantasien, Monster und Ungeheuer sind typische Beispiele dieser Entwicklungsphase. Negativ besetzte Fantasien können am besten mit positiv besetzten ausgeglichen werden, und so gehören neben den rationalen Erklärungen und Begründungen Geschichten, Märchen und Gedichte zu den wichtigsten Hilfsmitteln.

Tipp 18

EINSCHLAF-RITUALE

Sich vom Trubel des Tages zu verabschieden und sich dem Schlaf auszuliefern, das fällt manchen Kindern schwer. Gewöhnen Sie Ihr Kind an Einschlaf-Rituale, die einen sanften Übergang in die Nachtruhe einleiten. Sie vermitteln Sicherheit und Geborgenheit. Kleinere Kinder hören gern Einschlaflieder, ältere bevorzugen meistens Einschlaf-Geschichten. Auch ein Nachtgebet gehört zu den Einschlaf-Ritualen, und vielen Kindern fällt der Abschied vom Tag noch leichter, wenn sie ihn gemeinsam mit Vater oder Mutter noch einmal durchgesprochen und kommentiert haben.

Tipp 19

GRUSELIGES BILD MALEN

In gemeinsamen Spielen kann jedes Kind zum Thema „Was ich besonders gruselig finde" ein Bild malen oder sich eine kurze Geschichte ausdenken.

Tipp 20

EIN LICHTSTRAHL GEGEN DIE ANGST

Bis ins Grundschulalter haben viele Kinder Angst in völliger Dunkelheit und brauchen zum Einschlafen eine kleine Lichtquelle, um sich orientieren zu können, wenn sie nachts aufwachen. Lassen Sie die Kinderzimmertür einen Spaltbreit auf und das Licht im Flur eingeschaltet, sodass der Lichtschimmer aus dem Flur für ein wenig Helligkeit sorgt, oder besorgen Sie sich ein schwaches Nachtlicht, das es in allen Elektrogeschäften und den Kinderabteilungen vieler Kaufhäuser gibt. Diese kleine Lichtquelle gibt Ihrem Kind ein Gefühl von Sicherheit und beugt Ängsten in stockdunkler Nacht vor.

Tipp 21

TASCHENLAMPEN-SHOW

Die stockdunkle Nacht, die manchen Kindern so bedrohlich vorkommt, kann auch Interessantes bieten. Planen Sie eine bunte Taschenlampen-Show. Dazu werden drei bis vier Taschenlampen benötigt, die mit verschiedenfarbigem Pergamentpapier beklebt werden und so buntes Licht spenden.

Außerdem brauchen Sie eventuell ein kleines Radiogerät oder einen Kassettenrekorder für die richtige Show-Stimmung. Sobald es nun richtig dunkel ist, gehen Sie mit Ihrem Sohn oder ihrer Tochter mit den Taschenlampen von Raum zu Raum. Zur Musik des Radios schwenken Sie die Taschenlampen und veranstalten eine kleine Tanzshow, oder Sie lassen die bunten Lichtkegel in großen Kreisen durch die Räume gleiten.

Tipp 22

WIE IST ES NACHTS?

Ein kleines Spiel, bei dem mitten am Tag die Nacht simuliert wird, hilft oft, Einschlafprobleme und nächtliche Ängste zu bewältigen. Erzählen Sie Ihrem Kind die folgende Geschichte, während sie gemeinsam nach und nach die Wohnung verdunkeln.

Jeden Morgen steht die Sonne in aller Früh auf und macht die Erde hell. Das ist eine anstrengende Arbeit, denn sie schickt ihre Strahlen in jeden Winkel, überallhin. So ist es den ganzen Tag hell und alles ist gut zu sehen. Am Abend ist sie froh, wenn sie sich ein bisschen ausruhen darf. Und bevor sie untergeht, wird sie langsam schwächer und schwächer.

Ziehen Sie gemeinsam mit ihrem Kind die Vorhänge an allen Fenstern der Wohnung zu.

Jetzt wird es dunkler, die Menschen wissen, dass die Arbeit des Tages bald zu Ende ist, und auch die Tiere freuen sich darauf, ausruhen zu können. Sonst aber ändert sich nichts. Schau dich um, egal ob es hell oder wie jetzt ein bisschen dunkler ist, der Kühlschrank steht da und brummt manchmal. Die Tassen und Teller, Töpfe und Pfannen stehen in den Schränken, Sofa, Tisch und Stühle stehen bereit für jeden, der sich setzen will. Setz dich aufs Sofa, dann an den Tisch.

Lassen Sie gemeinsam mit Ihrem Kind die Rolläden an den Fenstern herunter. Es sollte noch so viel Licht eindringen, dass man noch alles im Raum sehen kann.

Jetzt ist es ein bisschen wie in der Nacht. Es ist dunkel und du siehst weniger, das ist alles. Wenn du nachts schläfst, dann schlafen alle anderen Menschen auch, und auch die Vögel sitzen in ihren Nestern und schlafen, alle Tiere ruhen sich aus.

Gehen Sie mit Ihrem Kind von einem Zimmer ins andere, vorbei an der tickenden Uhr, am leise brummenden Kühlschrank, am dunklen Fernsehgerät, am ausgeschalteten Radio.

Manche Menschen müssen nachts aufstehen. Sie bekommen Durst oder sie müssen zur Toilette. Andere stehen sehr früh auf, noch vor der Sonne. Wenn sie dann etwas sehen wollen, schalten sie das Licht an. Komm, wir schalten überall das Licht an.

Schalten Sie mit ihrem Kind alle Lichter an, die sie finden, auch das Licht im Keller und auf dem Speicher.

Jetzt ist es zwar hell, aber es ist noch nicht Tag. Erst wenn die Sonne aufgeht, wird alles schön hell. Siehst du, jetzt ist Tag. Alles ist wie in der Nacht, nur ganz hell. Wir brauchen jetzt auch das Licht nicht mehr und schalten es ab. Wenn es dir nachts zu dunkel ist, dann mach einfach das Licht an. Nachts ist alles wie am Tag, nur dunkler und leiser.

Ziehen Sie gemeinsam in jedem Raum die Rolläden hoch und danach die Gardinen zurück, dass die Helligkeit wieder hereinfluten kann.

Tipp 23

SCHUTZENGELFIGUR

Schnelle und wirksame Hilfe bei ängstlichen Kindern kann in vielen Fällen eine Schutzengelfigur bieten. Überlegen Sie gemeinsam mit Ihrem Kind, wie sein ganz persönlicher Schutzengel aussehen könnte. Sicher hat er große, weiße Flügel und ein freundliches Gesicht. Ob die Haare kurz oder eher lang, hell oder dunkel sind, ob er ein weißes oder golden glänzendes Gewand trägt, all das wird Ihr Kind wissen. Zeichnen Sie den Schutzengel auf ein Stück Pappe auf, schneiden Sie ihn aus und bemalen Sie ihn gemeinsam mit Fingerfarben oder Buntstiften. Jetzt wird an dem Schutzengel ein Faden befestigt, damit man ihn an der Decke aufhängen kann. So schwebt er immer im Zimmer Ihres Kindes und kann es beschützen. Statt einer Schutzengelfigur wünschen sich manche Kinder Supermann oder einen anderen Helden als persönlichen Beschützer.

Tipp 24

TEDDY ALS AUFPASSER

Ein Teddy oder ein anderes Kuscheltier kann zum idealen Beschützer in der Nacht werden. Bestimmen Sie gemeinsam mit Ihrem Kind, welches Knuddeltier der Aufpasser in der Nacht sein soll. Oder Sie können gemeinsam aus einem alten Strumpf, der mit Stoffresten ausgestopft und mit Knopfaugen versehen wird, einen knuffigen Beschützer basteln. Dieser Aufpasser ist ein richtiges Multitalent. Er frisst böse Träume einfach auf, er vertreibt alle möglichen und unmöglichen Gespenster, Hexen, Räuber und Tunichtgute und sorgt dafür, dass sich nichts und niemand unter dem Bett oder hinter dem Vorhang versteckt. Tagsüber darf der Aufpasser schlafen, denn in der Nacht muss er ja auf seinem Posten sein. Am besten liegt er direkt neben Ihrem Kind im Bett, so kann er auch geduldig zuhören, wenn ihm Ihr Kind ein paar besondere Sorgen oder Ängste zuflüstert.

Tipp 25

MONSTERSPRAY

Wenn sich Ihr Kind vor dem Schlafengehen und der Dunkelheit fürchtet, weil es immer von Monstern belästigt wird, dann besorgen Sie ihm aus der „Geheimapotheke" eine Flasche mit „echtem Monsterspray". Das ist eine wassergefüllte Zerstäuberflasche, wie man sie zum Blumenbesprühen nimmt. Das Wasser ist mit ganz wenig Parfüm aromatisiert. Diesen Duft, so erklären Sie Ihrem Kind, kann kein Monster aushalten. Er hilft außerdem gegen Gespenster, Hexen und alle möglichen Ungeheuer. Alle Monster würden sofort die Flucht ergreifen, wenn sie das Monsterspray riechen. Vor dem Zubettgehen versprühen Sie gemeinsam an jedem Abend mit Ihrem Sohn bzw. Ihrer Tochter ein bisschen Monsterspray im Kinderzimmer, sodass es beruhigt schlafen kann.

Tipp 26

AUS DEM LEBEN EINES MONSTERS

Monster sind Fantasiegestalten, in denen Ihr Kind alles Negative und Angstbesetzte abbildet. So kommt es, dass Monster keine Persönlichkeit oder Lebensgeschichte haben. Sie sind einfach da, tauchen auf und machen Angst. Sobald ein Monster aber in einer Geschichte auftaucht, kann es entzaubert werden und verliert so nach und nach seinen Schrecken. Überlegen Sie sich eine Geschichte für das Monster, das Ihrem Kind Angst einjagt, zum Beispiel ähnlich wie folgende:

Was das Monster erzählt

Ich mag es nicht, wenn ich angeschaut werde, sagt das Monster, denn ich finde mich gar nicht schön. Immer wenn mich jemand entdeckt, schneide ich hässliche Grimassen, zeige die Zähne oder blitze böse mit den Augen. Das kann ich ganz gut. Aber eigentlich bin ich gar nicht so, ich bin gar nicht böse oder gefährlich, nein. Ich habe mich schon daran gewöhnt, dass alle weglaufen. Viel lieber wäre es mir aber, wenn jemand keine Angst vor mir hätte und stehen bleiben würde. Aber vielleicht hätte ich dann ein bisschen Angst? Jedenfalls wäre es mir lieber, wenn dieser Jemand, der dann stehen bleibt, sagt, dass ich keine Angst vor ihm haben

muss. Ich bin nämlich schüchtern und ängstlich. Ehrlich. Auch wenn man das kaum glauben kann. Deswegen ist es für mich besser, wenn die anderen weglaufen. Aber auch langweiliger. Ich habe keinen, dem ich meine Geschichten erzählen kann. Ich kenne nämlich viele Geschichten, lustige Geschichten, und sogar eine Menge Witze. Also, der Nächste, der stehen bleibt, dem erzähle ich meinen Lieblingswitz!

Tipp 27

NACHTGESPENSTER-SONG

Zehn Nachtgespenster,
die Tageslicht sehr scheun,
die stolpern durch die dunkle Nacht
– pardauz, sind's nur noch neun.

Neun Nachtgespenster,
die gehn umher ganz sacht,
doch nochmal ist eins hingefallen,
da waren's nur noch acht.

Acht Nachtgespenster
sind übers Dach gestiegen.
Eins guckt zu tief in den Kamin,
da sind es nur noch sieben.

Sieben Nachtgespenster,
die treffen eine Hex.
Die nimmt eins mit zum Faschingsball,
da waren's nur noch sechs.

Sechs Nachtgespenster,
und alle tragen Strümpf.
Doch eins trägt keine, marsch nach Haus!
– Jetzt sind es nur noch fünf.

Fünf Nachtgespenster,
die waren noch nie hier.
Eins kriegt die Angst und geht zurück,
da waren's nur noch vier.

Vier Nachtgespenster
gehen mit schnellem Schritt.
Dem einen war das viel zu schnell,
da waren sie noch zu dritt.

Drei Nachtgespenster,
die schwatzen allerlei.
Eins schläft beim Reden schließlich ein,
da sind es nur noch zwei.

Zwei Nachtgespenster,
eins groß und eines klein.
Das große geht jetzt auch nach Haus,
das kleine bleibt allein.

Ein kleines Nachtgespenst,
das ängstigt sich gar sehr.
Hab keine Angst, du kleiner Wicht,
ich tu dir nichts, komm her.

Tipp 28

DIE GRUSLIG-NETTE MONSTERFAMILIE

Jedes Kind hat ein anderes Bild von einem Monster, einem Gespenst oder Ungeheuer, vor dem es besonders viel Angst hat. Dieses Monster nur mit Worten zu beschreiben, fällt schwer, doch es zu malen und anhand des Bildes zu erklären, klappt meistens besser. Fordern Sie Ihr Kind also auf, sein schlimmstes Monster oder Ungeheuer zu malen. Bleiben Sie immer ganz nah bei ihm, wenn es das wünscht. Schließlich kostet es vielleicht ein bisschen Überwindung, etwas so Schreckliches auf Papier zu bannen. Bestimmt erklärt Ihr Kind Ihnen beim Malen, wie diese schreckliche Figur aussieht, welch grässliche Klauen sie hat, ein riesiges Maul mit langen Zähnen, große Augen usw. Betrachten Sie gemeinsam das Monsterbild, wenn es fertig ist. Bestätigen Sie Ihrem Sohn oder Ihrer Tochter, dass das ein ganz schlimmes, grässliches Monster ist. Nun bitten Sie Ihr Kind, ein weiteres Monster zu malen, das nicht ganz so schlimm ist. Vielleicht ist es ein bisschen kleiner als das schlimmste Monster, hat weniger lange Zähne oder struppige, lustige Haare. Danach soll ein Bild von einem noch weniger schlimmen Monster entstehen, schließlich eines von einem harmlosen Monster. Jetzt liegt eine Art Monsterfamilie vor Ihnen, und vom ganz schlimmen bis zum harmlosen Monster sind alle vertreten. Betrachten Sie gemeinsam die Monster. Sie sind zwar alle zum Fürchten, aber ein bisschen sehen sie auch sympathisch aus. Das allerschrecklichste Monster hat ein paar Haare, die lustig aussehen. Auch die Nase ist überhaupt nicht schrecklich, und außerdem hat es eine Zahnlücke. Entdecken Sie gemeinsam mit Ihrem Kind die normalen oder lustigen Seiten an diesen Monstern, denn so verlieren sie mit der Zeit ihren Schrecken.

Tipp 29

LUFTGESPENSTER

Gespenster und Ungeheuer lassen sich leicht basteln. Spielerisch werden die Fantasien Ihres Kindes so aus der „Angstecke" herausgeholt.

Einen Stein von etwa fünf Zentimetern Durchmesser mit einem weißen Taschentuch bedecken. Den Stein als Kopf mit einem Stück Schnur abbinden und das Tuch mit schwarzem Filzstift bemalen: große schwarze Augenlöcher, Nase, Mund. Dann das Luftgespenst am Kopf und an zwei Seiten mit Schnur an der Zimmerdecke oder wie eine Marionette an einem Stück Holz befestigen.

Tipp 30

KÜRBISGEISTER

Von einem Kürbis oder einer Runkelrübe die obere Hälfte abschneiden und die Frucht aushöhlen. Mit einem scharfen Messer von außen Augen, Nase, Mund mit Zähnen ausschneiden und ein Teelicht hineinstellen.

Tipp 31

MONSTERKÖPFE

Einkaufstüten aus Papier über den Kopf stülpen und markieren, wo die Augenlöcher liegen müssen. Diese ausschneiden. Dann die Tüten mit wilden Fratzen bunt bemalen, als Haare Wollreste aufkleben. Ebenso ein paar Luftlöcher oben in die Tüte schneiden.

Tipp 32

GESPENSTERKÖPFE

Aus zerrissenem Zeitungspapier, Wasser und Tapetenkleister in einem großen Eimer Papiermaché anrühren. Luftballons aufblasen und mit einer dicken Schicht Papiermaché umkleistern. Am nächsten Tag, wenn die Masse getrocknet ist, so viel von der Kugel wegschneiden, dass sie über den Kopf gestülpt werden kann. Augen, Nase und Mund anzeichnen und ausschneiden und den Gespensterkopf weiß bemalen.

Tipp 33

GRUSELKABINETT

Bei Ängsten ist es besonders wichtig, dass man sie offensiv angeht, sie zur Sprache bringt und mit verschiedenen Mitteln darstellt. Fordern Sie Ihr Kind doch einmal dazu auf, ein richtiges Gruselkabinett zu malen. Alles, was Ihrem Kind Angst macht, soll es auf ein Blatt Papier malen, egal ob es eine Schlange, ein Käfer, Hexen, Monster, Graf Dracula, der Sensenmann oder Frankenstein, Aliens, Drachen, Gespenster, böse Zauberer und Hexen, Zombies oder Fledermäuse sind. Jede dieser Furcht erregenden Gestalten soll von Ihrem Kind gemalt werden, und dann werden die Blätter als Gruselkabinett mit Klebestreifen nebeneinander an die Wand geklebt. Jetzt hängen sie alle da im hellen Licht und beim genauen Hinsehen ist das eine oder andere von diesen Ungeheuern gar nicht mehr so gruselig und schlimm. Alle diese Angstmacher sind jetzt auf ihr Blatt Papier gebannt, und damit Ihr Kind mehr Kontrolle über diese gefährlichen Figuren bekommt, darf es alle Blätter eigenhändig abnehmen und in einen Schuhkarton sperren. Darin sind die ganzen gefährlichen und weniger gefährlichen Monster und Ungeheuer gut aufgehoben. Damit sie auch bestimmt nicht herauskommen können, wird der Karton mit einem Stück Schnur fest zugebunden. So kann Ihr Kind sicher sein, dass es von keiner dieser Gestalten belästigt werden kann. Ab und zu löst man die Schnur vom Karton und schaut sich die Blätter wieder einmal an, manchmal muss vielleicht ein neues Blatt dazugelegt werden, sicher kann aber auch das eine oder andere Blatt herausgenommen werden, etwa wenn Graf Dracula seinen Schrecken verloren hat.

Tipp 34

GESPENSTERTANZ

Wer gruselt sich sicher nicht vor einem Gespenst? Ein anderes Gespenst natürlich. So ist die Verwandlung in ein Gespenst manchmal das richtige Mittel, die Angst vor Gespenstern zu verlieren. Planen Sie mit Ihrem Kind, wie sie sich beide in ein Gespenst „verwandeln". Dazu brauchen sie ein altes Leintuch und eine Schere. Doch damit ist es noch nicht ganz getan, denn Gespenster müssen sich auch gespenstisch unterhalten können. Sie üben also mit Ihrer Tochter oder Ihrem Sohn am besten ein paar „Huhuhuuuus" und „Hohohoooos", damit sie sich auch unterhalten können, wenn Sie unter ihren Leintüchern stecken. In die Leintücher werden an der richtigen Stelle Löcher für die Augen gemacht, dann werden sie übergeworfen und

los geht der Gespensterspuk. Tanzen Sie in bester Gespenstermanier gemeinsam durchs Haus, schauen Sie in alle Ecken und Winkel, in den Keller und auf den Speicher. Sollten wirklich andere Geister dasein, sind alle zum Mittanzen eingeladen. Ab sofort kann sich Ihr Kind in den Club der Gespenster aufgenommen fühlen und braucht keine Angst mehr vor ihnen zu haben.

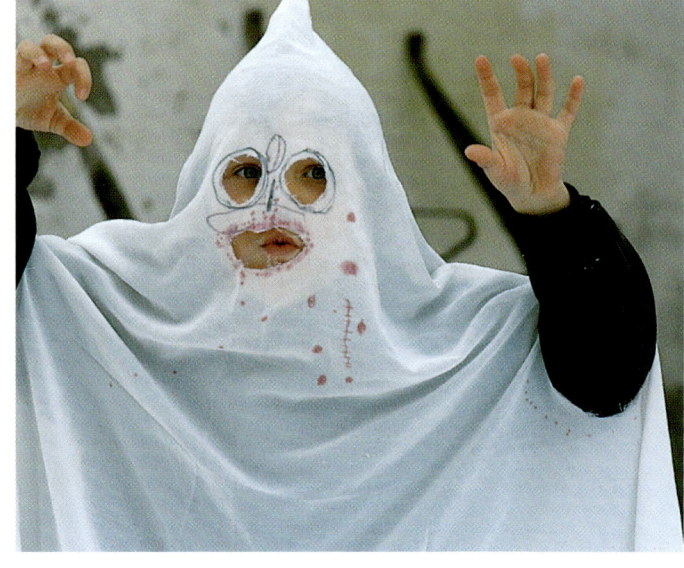

Tipp 35

GRUSELPARTY

Verschaffen Sie Ihrem Kind die Möglichkeit, sich zwanglos mit Gleichaltrigen über Angstfantasien und allerlei andere gruselige Vorstellungen auszutauschen. Am besten eignet sich dafür eine Themenparty, die Sie mit Ihrem Sohn oder Ihrer Tochter gemeinsam vorbereiten, und in deren Verlauf Angstfantasien gemeinsam ausgelebt und aufgelöst werden.

▶ Gestalten Sie gemeinsam die Einladungskarte, die mit einer Burgruine, Fledermäusen und weißen Gespenstern verziert sein kann. Jeder der Eingeladenen soll sich als die Gestalt verkleiden, die ihm oder ihr am meisten Angst einjagt.

▶ Für das leibliche Wohl der kleinen Gäste bereiten sie Draculas Blutsuppe (Tomatensuppe) und mit Sahne und Zuckerperlen schaurig-schön verzierte Schokoküsse vor.

▶ Legen Sie alte Bettlaken bereit, damit die Kinder einen Gespenstertanz und einen Gespensterumzug durchs Haus veranstalten können.

▶ Mit Taschenlampen können im verdunkelten Zimmer allerlei unheimliche Experimente betrieben werden: Das Gesicht von unten beleuchten, in den Mund hineinleuchten, dass die Wangen rot glühen, Taschenlampentanz usw.

▶ Vor einem aufgespannten und mit einer Lampe von hinten beleuchteten Bettlaken können Schattenspiele aufgeführt werden.

▶ Gespenstische Geräuschkulissen können dadurch erzeugt werden, dass mit kleinen Steinchen gefüllte Jogurtbecher oder Blechdosen geschüttelt werden. Schlüsselbundklimpern, schwere Schritte, knarrende Türen und pfeifender Wind, von den Kindern nachgeahmt, untermalen die Schattenspielaufführungen.

Bei früh einbrechender Dunkelheit im Winter lässt sich ein Gespensterumzug um das Haus mit Taschenlampen, Kürbisgeistern und anderen Ungeheuern durchführen.

4. Angst vor Krankheit, Unheil und Tod

Im näheren Umfeld machen den Kindern Naturgewalten, Arztbesuche und mögliche Krankheiten Angst, und die Medien warten tagtäglich mit einer breiten Palette an Nachrichten über Katastrophen, Zerstörungen, Krieg, Hungersnöte und Umweltzerstörungen auf. Angesichts dessen bleiben Ängste nicht aus. Erst nach und nach lernen die Kinder die Zusammenhänge verstehen und die Dramatik und Tragweite einzelner Erscheinungen einzuordnen. Auch Naturgewalten wie heftige Stürme, Gewitter mit grellen Blitzen und ohrenbetäubendem Donnerknall, dichter, peitschender Regen oder Schneefall und undurchdringlicher Nebel jagen manchen Kindern Angst und Schrecken ein. Erklärungen, Trost und Aufmunterungen in Worten und Spielen sind wichtige Begleiter und Helfer beim Bewältigen der Realängste in dieser Entwicklungsphase.

Tipp 36

GEWITTER BEWUSST ERLEBEN

Wenn Ihr Kind vor nächtlichen Gewittern Angst hat, sollten Sie ihm in dieser Situation auf jeden Fall beistehen. Betrachten Sie gemeinsam das nächtliche Schauspiel vom sicheren Bett oder vielleicht, wenn Ihr Kind sich das traut, vom Fenster aus. Halten Sie Ihren Sohn oder Ihre Tochter fest, während sie die zuckenden Blitze bewundern und mit lautem „Aaaahhh" und „Ooohhhh" begrüßen. Zählen Sie dann laut, bis der Donner zu hören ist. Erklären Sie Ihrem Kind, dass Gewitterblitze ein tolles Naturschauspiel sind, bei dem es im Haus nichts zu befürchten hat. Blitz und Donner entstehen immer gleichzeitig, das Licht des Blitzes ist aber viel schneller als der Donnerschall, und so kann man durch Zählen feststellen, wie weit das Gewitter entfernt ist. Mit Hilfe solch einer solchen Erklärung wandelt sich die pure Angst vor Gewittern in einen angebrachten Respekt vor dieser Naturgewalt.

Tipp 37

DIE GEWITTERMASCHINE

Ein nächtliches Gewitter mit urplötzlichen taghellen Blitzen und bedrohlichem Donnergrollen lässt Kinder häufig erschrecken. „Selbst gemachte" Gewitter können die Angst vor solchem imposanten Naturschauspiel mindern. Wenn mal wieder ein schreckliches Gewitter getobt hat, suchen Sie gemeinsam mit Ihrem Kind nach Gegenständen, mit denen Sie das Donnern und Blitzen nachahmen können. Beispielsweise gibt der große Müllcontainer aus Blech donnerähnliche Geräusche von sich, wenn Sie mit einem Holzstock draufschlagen. Oder Sie machen mit zwei Topfdeckeln aus Blech einen lauten Tusch, der dem Zischen des Blitzes nahe kommt. Mit einer hellen Lampe oder dem Blitzlicht des Fotoapparats können Sie in einem abgedunkelten Raum das grelle Himmelslicht nachahmen.

Schließlich inszenieren Sie gemeinsam mit Ihrem Kind das Heraufziehen eines Gewitters, indem Sie nach und nach das Zimmer verdunkeln, Blitz und Donner mit verschiedenen Hilfsmitteln nachahmen und schließlich das Gewitter vorbeiziehen und den Raum wieder hell werden lassen.

Tipp 38

GEMEINSAM FERNSEHEN

Was über das Fernsehgerät an Gewaltszenen und Katastrophenmeldungen ins traute Heim eindringt, ist schon für Erwachsene manchmal kaum zu bewältigen. Setzen Sie sich also grundsätzlich gemeinsam mit Ihrem Kind vor den Fernseher, zumindest so lange, bis Sie wissen, ob die Sendungen Szenen enthalten, die bei Ihrem Kind Unsicherheiten oder gar Ängste auslösen könnten. Lassen Sie sich von Ihrem Kind quasi nebenbei auf dem Weg zum Einkaufen, beim gemeinsamen Spaziergang oder vor dem Zubettgehen erzählen, was es alles gesehen hat, was ihm aufgefallen ist, was es gut oder schlecht, schön oder erschrekkend fand. Auch und gerade bei Nachrichten- oder Dokumentationssendungen ist es nötig, dass Sie mit Ihrem Kind über das Gesehene sprechen. Realistische Darstellungen von Katastrophen, Unfällen oder Gewalttaten faszinieren und erschrecken Kinder gleichermaßen. Machen Sie Ihrem Kind klar, dass das Extremfälle sind, die glücklicherweise nur selten vorkommen. Diese Gefahren lauern nicht um die Ecke, auch wenn sie in der Welt vorhanden sind.

Tipp 39

ENTSPANNUNGSÜBUNGEN

Eine bewährte Methode zum Abbau von Ängsten, die auch bei Kindern sehr gut funktioniert, sind Entspannungsübungen, die mit einer kleinen Geschichte und einem Merksatz verbunden sind. Dabei konzentriert sich Ihr Sohn bzw. Ihre Tochter auf ein positives abgeschlossenes Erlebnis oder eine schöne Geschichte, die Sie sich gemeinsam ausdenken und ausmalen können.

Mit etwas Mut geht alles gut

Schließ die Augen und stell dir Folgendes vor: Du gehst einen schönen Weg spazieren, die Sonne scheint und es ist schön warm. Du willst einen Freund besuchen, der nicht weit weg wohnt. Du freust dich schon darauf, dass ihr zusammen spielen und eine richtig schöne Sandburg bauen werdet. Du lächelst vor dich hin, nur noch ein paar Ecken, dann bist du da. Doch da taucht auf deiner

Straßenseite plötzlich ein Mann mit einem großen Hund auf. Du weißt, dass Hunde nicht gefährlich sind und auch der dir nichts tut. Hunde sind neugierig und schnüffeln gern umher, und auch dieser Hund ist ein ganz normaler Hund, der ohne Leine laufen darf. Sein Herrchen geht gemütlich ein paar Meter hinter ihm, du brauchst dir also keine Sorgen zu machen. Denk weiter an deinen Freund, der auf dich wartet, du bist gleich bei ihm; es ist gar kein Problem, an dem Hund einfach vorüberzugehen, denn du weißt: Mit etwas Mut geht alles gut. Du fasst dir ein Herz, schaust geradeaus, und als du wieder schauen möchtest, was der Hund macht, ist er schon an dir vorübergegangen. Na also, denkst du, und hüpfst vergnügt weiter. Nur noch einmal um die Ecke biegen, schon bist du da.

Tipp 40

SPANNUNGSKURVEN MALEN

Finden Sie mit einem einfachen Spiel heraus, was Ihr Kind bei einer Fernsehsendung spannend und aufregend findet. Extrem spannende Inhalte können es belasten und Ängste auslösen, und so ist es gut zu wissen, welche Dinge Ihr Kind besonders ängstigen oder aufregen.
Bei Filmen und auch bei den Nachrichten im Fernsehen soll Ihr Sohn oder Ihre Tochter Fieberkurven malen, die sein bzw. ihr Spannungsempfinden ausdrücken.

Nehmen auch Sie selbst ein Blatt Papier und einen Stift zur Hand und zeichnen Sie für sich eine Spannungskurve, die bei „normal" beginnen und über „spannend", „sehr spannend" bis hin zu „unerträglich spannend" reichen kann. Nach der Sendung betrachten Sie gemeinsam die Blätter und vergleichen, welche Szenen und Inhalte besonders aufwühlend waren und warum Ihr Kind das so empfunden hat.

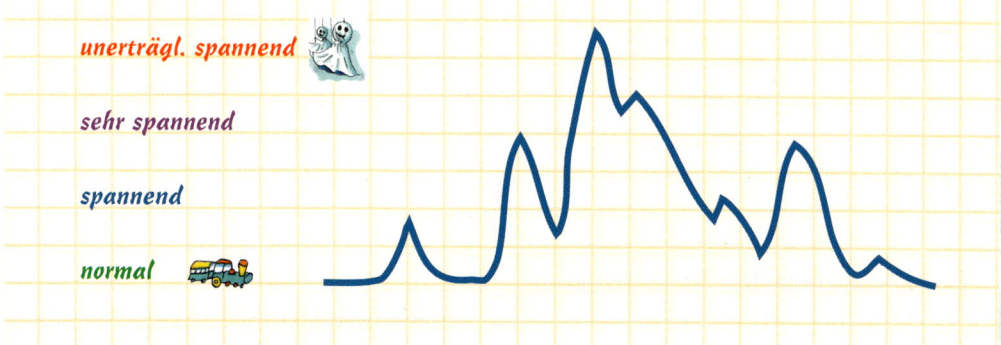

Tipp 41

ARZTBESUCHE VORBEREITEN

Alles Neue und Unbekannte ist zunächst beängstigend, das gilt vor allem für Arztbesuche. Dem wirken Sie entgegen, wenn Sie mit Ihrem Kind über einen bevorstehenden Arztbesuch ausgiebig reden. Gehen auch Sie selbst immer positiv gestimmt und ohne Ängste zum Arzt oder Zahnarzt, dann wird Ihr Sohn oder Ihre Tochter spüren, dass nichts Schlimmes dort zu erwarten ist. Sprechen Sie ohne Dramatisierungen oder Verharmlosungen über den Arztbesuch und improvisieren Sie ein Rollenspiel, bei dem einmal Sie und einmal Ihr Kind der Patient sind. Lustig ist auch dieses Gedicht zum Rollenspiel:

Frau Doktor

„Frau Doktor, Frau Doktor,
ich wag es kaum zu sagen,
mich zieps ganz arg im Magen."
„Ach, mein Guter, das macht nix,
ich horche da mal, eins, zwei fix."

„Frau Doktor, Frau Doktor,
ich bin ein armer Tropf,
mir hämmert's manchmal hier im Kopf."
„Ach so, ach ja, das ist nicht schlimm,
mit einem Tee kriegen wir das hin."

„Frau Doktor, Frau Doktor,
um Hilfe muss ich Sie bitten,
ich hab mich hier geschnitten."
„Hier, das Pflaster ist schön bunt,
da werden Sie ganz schnell gesund."

„Frau Doktor, Frau Doktor,
ein Rad hat mir den Weg verstellt,
da hab ich mir den Arm geprellt."
„Mit etwas Salbe und Verband,
sind schnell Gefahr und Schmerz gebannt."

„Frau Doktor, Frau Doktor,
ich hab so schlimmen Husten
kann atmen kaum und pusten."
„Ein kleiner Piekser mit der Spritze,
bald fühlen Sie sich wieder spitze."

Tipp 42

EIN PROBEBESUCH

Auch ein Besuch beim Zahnarzt will gut vorbereitet sein, damit Ihr Kind die Angst vor Bohrer und Spritze verliert. Erklären Sie Ihrem Kind, dass der Zahnarzt sich freut, wenn er schöne Zähne sieht, deshalb könnte man ruhig öfter mal bei ihm vorbeischauen. Außerdem ist der Zahnarzt ganz stolz auf seine schöne Praxis, den bequemen Stuhl und die tollen Geräte, die er hat. Vollends überzeugen lässt sich Ihr Kind, wenn Sie mit ihm einen Probebesuch machen, der natürlich abgesprochen sein muss. Die meisten Zahnärzte lassen sich gern darauf ein, denn auch ihnen liegt viel an einem angst- und vorurteilsfreien kleinen Patienten. Bei diesem Probebesuch darf Ihr Kind in aller Ruhe auf dem Behandlungsstuhl sitzen und die Geräte betrachten. Es darf auf dem Stuhl auf und ab fahren, sich kippen lassen und mit der Wasserspülung spielen. Wenn es schließlich den Mund aufmacht und der Zahnarzt nach einem kurzen Blick sagt: „Alles in Ordnung", dann steht wohl einem angstfreien nächsten Zahnarztbesuch wenig im Weg. Vor allem dann, wenn Ihr Kind noch mit einem kleinen Geschenk verabschiedet wird.

Tipp 43

DER TALISMAN

Ein kleiner Stein kann ein hervorragender Talisman sein zum Schutz vor Katzen, Hunden und allen anderen Tieren, vor denen sich Ihr Sohn oder Ihre Tochter fürchtet. Suchen Sie einen besonderen Stein, der etwa kirschgroß ist und entweder eine eigenartige Form oder ein seltsames Farbmuster hat. Dieser Stein, so erklären Sie ihrem Kind, ist ein Talisman, der gegen böse Tiere schützt. Er muss immer und überallhin mitgenommen werden, und wenn ein Tier auftaucht, vor dem Ihr Kind Angst hat, soll es den Stein ganz fest in die Hand nehmen. Es spürt dann, wie der Stein warm wird. Die ganze Hand wird warm, und das ist das Zeichen dafür, dass der Stein seine magische Wirkung entfaltet. Mit diesem Talisman kann gar nichts passieren, und Ihr Kind braucht sich um das Tier gar nicht zu kümmern, sondern kann ganz einfach an ihm vorübergehen, ohne es zu beachten. Manche Tiere werden unter dem Einfluss des Steins auch ganz zutraulich und wedeln mit dem Schwanz. Mit der Zeit geht die Wirkung des Steins auf den Träger über, auch wenn er den Stein gar nicht bei sich hat. Wenn das geschehen ist, kann und soll der Stein weiterverschenkt werden an ein anderes Kind, von dem Ihr Kind weiß, dass es Angst vor Tieren hat.

Tipp 44

DIE ANGSTPYRAMIDE

Wenn Ihr Sohn oder Ihre Tochter sich vor Spinnen, Schlangen, Käfern oder auch Hunden oder Katzen fürchtet, lässt sich diese Angst Schritt für Schritt mit Hilfe der Angstpyramide abbauen. Vergewissern Sie sich dabei immer wieder, dass sich Ihr Kind mit Ihrer Unterstützung auch wirklich die einzelnen Schritte zu machen getraut. Erklären Sie ihm, dass es mit der folgenden Methode die Kontrolle über die Angst gewinnen kann. Lassen Sie bei jedem Schritt zu jeder Zeit Ihrem Kind die Möglichkeit, dieses Angstbewältigungsspiel abzubrechen. Ihr Kind wird die Erfahrung machen, dass es seine Angst zumindest teilweise kontrollieren kann; das gibt enormes Selbstvertrauen und spornt an. Im Idealfall steht die völlige Angstfreiheit am Ende der Übungen, doch ist jeder einzelne Schritt schon ein Erfolg. Es ist gar nicht notwendig und auch kaum möglich, dass Ihr Kind statt Angst vor Käfern zu haben nun plötzlich eine Liebe für diese Tiere entwickelt. Z. B. könnte Ihr Zugang so aussehen:

▶ Zuerst betrachten Sie gemeinsam die verschiedensten Bilder von Käfern, große und kleine Käfer, bunte und einfarbige. Rücken Sie an Ihr Kind heran, halten Sie Körperkontakt und erzählen Sie in ruhigem, sachlichem Ton über die Tiere, über ihre Ungefährlichkeit und wie sie leben.

▶ Wenn Sie auf gemeinsamen Spaziergängen oder auf dem Weg zum Einkaufen Käfer sehen, dann unterhalten Sie sich ganz normal weiter – lassen Sie sich durch den Anblick nicht aus der Ruhe bringen, das gibt Ihrem Kind Kraft und Sicherheit.

▶ Verkleinern Sie zwanglos den Abstand zu den gefürchteten Tieren, weichen Sie bei gemeinsamen Spaziergängen nicht mehr aus, sondern versuchen Sie, sich nicht negativ beeinflussen zu lassen.

▶ Nach und nach können Sie Ihr Kind immer wieder einmal auf einen Käfer aufmerksam machen. Gelegentlich entdecken Sie so ein Tier, das einen Baum oder die Hauswand hinaufkrabbelt, und Ihr Kind wird spüren, dass das eigentlich ja ganz harmlos ist.

▶ Mit der Zeit können Sie dazu übergehen, gemeinsam einen Käfer in freier Natur genauer zu betrachten. Wenn Sie Widerstände bei Ihrem Kind spüren, drängen Sie es nicht dazu; Sie werden auch am Verhalten Ihres Kindes merken, wie lang und intensiv diese Beobachtungsphasen sein dürfen.

▶ Langsam verliert Ihr Kind die Angst, und bald kann es einen Käfer über ein Stöckchen, das sie gemeinsam hinhalten, oder über den eigenen Schuh krabbeln lassen.

▶ In der letzten Phase wagt es Ihr Kind vielleicht, den Käfer über die bloße Hand oder den Arm krabbeln zu lassen. Es wird erkennen, dass von diesem kleinen Tier keine Gefahr ausgeht, und kann vielleicht sogar die Augen schließen, während das Tier über die Hand und den Arm hinaufkrabbelt.

Tipp 45

ABSCHIED NEHMEN

Abschied zu nehmen fällt Kindern schwer, und die Erfahrung, dass ein Lieblingsspielzeug verloren wurde oder das geliebte Haustier gestorben ist, sitzt bei manchen Kindern tief. Erklären Sie Ihrem Kind, dass es manchmal an der Zeit ist, sich von Dingen zu verabschieden, und verbinden Sie diesen Abschied mit einem Begräbnisritual. Ist beispielsweise der Lieblingsschnuller kaputtgegangen, dann wird er in buntes Papier verpackt, das mit einer schönen Schleife geschmückt wird, und gemeinsam feierlich im Mülleimer deponiert.

Auch wenn der Kanarienvogel gestorben ist, sollte er ausgiebig betrauert werden, bevor er in eine schöne Schachtel gebettet wird, die mit Blumen verziert und im Garten eingegraben wird. Erklären Sie Ihrem Kind, dass er im Kanarienvogelhimmel ist und es genießt, dort frei umherfliegen zu können. Die kleine Grabstätte bleibt von ihm als Gruß und Erinnerung an die gemeinsame Zeit. Solche Abschiedsrituale machen es Kindern leichter, Phasen als abgeschlossen zu betrachten und zu überwinden.

Tipp 46

UMWELTÄNGSTE

Gegen die Angst vor Umweltverschmutzung und -zerstörung hilft in erster Linie aktives Handeln. In den meisten Medienberichten wird die Zukunft unseres Planeten düster dargestellt, was oft besonders Kinder belastet. Reden Sie mit Ihrem Kind über dieses Problem und nehmen Sie ihm das Gefühl der Hilflosigkeit und der Verzweiflung. Es ist durchaus genug, wenn sich jeder Einzelne in seinem eigenen Wirkungsbereich verantwortungsbewusst gegenüber der Umwelt zeigt. Überlegen Sie gemeinsam, wie Sie im eigenen Haushalt Strom und Wasser sparen, umweltgerechte Wasch- und Putzmittel einsetzen und Müll vermeiden können. Erstellen Sie gemeinsam eine Aktionsliste, die folgende Punkte beinhalten könnte:

▶ Komposthaufen anlegen,
▶ keine Einwegschreibstifte verwenden,
▶ Getränke nur in Pfandflaschen kaufen,
▶ natürlich produzierte Lebensmittel bevorzugen,
▶ verpackungsarme Artikel einkaufen,
▶ bei Kleidern auf großen Naturfaseranteil achten,
▶ selbst gemachte Pausenbrote statt Snacks essen, etc.

Tipp 47

DEN COMPUTER KONTROLLIEREN

Was fürs Fernsehen gilt, gilt erst recht für den Computer. Lassen Sie sich von Ihrem Kind immer zeigen, welche Spiele es auf dem Computer hat. Das Eintauchen in die virtuelle Welt ist für die meisten Kinder nichts Besonderes, doch wenn zu viel am Computer gespielt wird, verschwimmt die Grenze zwischen tatsächlicher und computeranimierter Welt. Spielen Sie deshalb so oft wie möglich mit Ihrem Kind am Computer, zumindest sollten Sie aber veranlassen, dass ein Freund oder eine Freundin mit Ihrem Sohn oder Ihrer Tochter spielt, sodass sich die beiden über das Spiel austauschen können. Lassen Sie sich von Ihrem Kind zeigen, welche Spiele es am liebsten hat, und reden Sie gemeinsam über die Animation, die Aktionen und was Sie gut und schlecht daran finden. Schaffen Sie einen Bezug zwischen realer Welt und Computerspiel und verhindern Sie so eine übermäßige Einflussnahme des Computers auf die Gefühlswelt Ihres Kindes.

5. Angst vor Versagen und Schulangst

Mit fortschreitendem Alter wird Kindern ihre Rolle in der Gesellschaft immer stärker bewusst. Sie nehmen sich als Individuum innerhalb einer Gruppe wahr und versuchen, in dieser Gruppe zu bestehen und Anerkennung zu finden. Die Position in der eigenen Familie ergibt sich meist noch wie von selbst, doch im Kindergarten oder in der Schule, im Verein oder in der Clique gilt es, sich immer wieder zu behaupten und zu bewähren. Angst vor Ablehnung, Versagen, auch vor Strafe und Liebesentzug kommt auf. Um solchen Sozialängsten begegnen zu können, ist ein gewisses Maß an Vertrauen zwischen Eltern und Kind unabdingbar. Immer stärker orientiert sich das Kind an der Welt außerhalb der Familie, an Gleichaltrigen, an den Anforderungen der Schule, und umso wichtiger ist der Rückhalt in der Familie. Die Anforderungen von Schule, Elternhaus und nicht zuletzt das eigene Erwartungsdenken sind manchmal recht hoch. Die Wichtigkeit der Dinge ins rechte Verhältnis zu bringen, das Vertrauen des Kindes in die eigenen Fähigkeiten zu stärken, ist in dieser Entwicklungsphase ein wichtiger Beitrag, den Eltern leisten können.

Tipp 48

ATEMENTSPANNUNG

Angst lässt den Puls steigen und erhöht die Atemfrequenz, umgekehrt gilt, dass bewusstes tiefes und regelmäßiges Atmen beruhigt und Ängste schwinden lässt. Wenn Ihr Kind vor aufregenden Anlässen wie Klassenarbeiten oft sehr aufgeregt und ängstlich ist, sollten Sie mit ihm ein paar gezielte Atementspannungsübungen machen. Diese Übungen lassen sich im Liegen oder Sitzen durchführen. Beginnen Sie zunächst mit einer einfachen Übung im Liegen, später kann Ihr Kind solche Entspannungsübungen im Sitzen kurz vor einer Klassenarbeit durchführen und so seine Angst besser in den Griff bekommen.

Das Meeresrauschen

Leg dich bequem auf den Rücken und schließ die Augen. Leg eine Hand auf deinen Bauch und konzentriere dich auf deinen Atem. Atme ganz normal, nicht schnell und nicht langsam. Lass die Luft tief in dich hineinfließen. Spürst du, wie sie in dich hineinströmt? Atme die Luft sanft wieder aus. Alles geht von allein, die Luft fließt in dich hinein, und sie strömt wieder aus dir heraus. Du musst überhaupt nichts tun, du liegst ganz entspannt und atmest ganz ruhig. Denk an das Meer mit seinen großen Wellen. Eine große Welle kommt an und rauscht auf den Strand. Beim Ausatmen hörst du das Rauschen der mächtigen Welle, beim Einatmen ist alles still und das Meer zieht sich zurück. Dein Atem hat die Kraft des Meeres. Die Welle braust heran und zieht sich wieder zurück. Langsam und gleichmäßig rauschen die Wellen auf den Strand und gehen wieder zurück. Das Meer sammelt wieder Kraft, bevor es eine neue, mächtige Welle schickt. Das Ausatmen ist die große Welle, das Einatmen die Stille zwischen den Wellen. Du sammelst Ruhe und Kraft beim Einatmen und schickst mit jeder neuen Welle beim Ausatmen deine Angst hinaus aus dir. Du atmest ein und wieder aus.

Tipp 49

IM NACHHINEIN IST ALLES LEICHTER

Viele Situationen verlieren von ihrem Schrecken, wenn sie von einem späteren Zeitpunkt aus betrachtet werden. Der erste Schultag, an den sich fast alle als einen dramatischen Tag erinnern, wird im Nachhinein eher belächelt, und zwar schon von Zweitklässlern. Wenn Ihr Kind also vor einer Situation steht, die sich wie ein unüberwindlicher Berg vor ihm auftürmt, dann spielen Sie ein Spiel, bei dem Sie auf die-ses bevorstehende Ereignis zurückblicken. Malen Sie sich gemeinsam aus, was passiert ist, dass etwa die Prüfung wie viele andere verlaufen ist und schon eine Woche später nicht mehr wichtig war, dass die Erleichterung viel größer als die Angst war usw. Zwar lässt sich die Situation dadurch nicht aufheben, doch durch diese Gedankenspiele und Ihre aktive Teilnahme wird die Angst Ihres Kindes deutlich kleiner werden.

Tipp 50

WAS ICH KANN

Wenn ein Kind eine Phase des Selbstzweifels durchlebt, dann kann es sehr hilfreich sein, wenn es auf einem Blatt Papier gegenüberstellt, welche Fähigkeiten es hat und welche Defizite es verspürt. Falls es noch nicht schreiben kann, malt es entsprechende Symbole. So bekommt es einen objektiveren Blick über die eigenen Leistun-gen und Freundschaften und fixiert sich nicht immer nur auf Fehler und Unzulänglichkeiten, die sich immer wieder in den Vordergrund drängen. Der Angst, von anderen abgelehnt oder nicht geliebt zu werden, kann so eine Einsicht entgegengestellt werden, dass es sehr wohl Liebens- und Achtenswertes an der eigenen Person gibt.

Tipp 51

GEFÜHLSUHR

Über Gefühle zu reden fällt manchen Kindern schwer, vor allem dann, wenn es um Ängste geht. Helfen Sie Ihrem Kind, sich über seine Gefühle mitteilen zu können, indem Sie gemeinsam eine Gefühlsuhr basteln. Ein rundes Stück Karton wird in verschiedene Segmente unterteilt. Jedem Segment wird ein Gefühl zugeteilt, indem es mit verschiedenen Farben bemalt wird. Schwarz bedeutet: ich bin traurig, Gelb bedeutet: ich bin fröhlich, Rot bedeutet: ich bin ärgerlich, Grün bedeutet: ich habe Angst usw. Legen Sie gemeinsam mit Ihrem Kind fest, was die einzelnen Farben anzeigen sollen. In der Mitte der Gefühlsuhr wird nun mit einem Versandtaschenclip ein Zeiger befestigt und die Uhr an die Tür des Kinderzimmers gehängt. Nun kann Ihr Kind Ihnen auf diese Weise zu verstehen geben, ob es traurig darüber ist, dass der Freund heute nicht kommen kann, ob es sich auf den gemeinsamen Ausflug freut oder ob es Angst hat vor der bevorstehenden Prüfung. Achten Sie auf die Gefühlsuhr und nehmen Sie dieses indirekte Gesprächsangebot wahr.

Tipp 52

MISCH MIT!

Es ist nicht immer einfach, unter Gleichaltrigen zu bestehen und sich akzeptiert zu fühlen. Kommunikation ist dabei wichtig, und wenn Ihr Kind sich nicht traut, aktiv an Diskussionen und am Meinungsaustausch teilzunehmen, helfen ein paar Mut machende Sprüche. Machen Sie Ihrem Sohn bzw. Ihrer Tochter klar, dass er oder sie sich nicht immer nur die Meinungen und Sorgen der anderen anhören, sondern eigene Erfahrungen und Meinungen von sich äußern soll. Auch wenn das im Augenblick Überwindung kostet, so steigt doch das Ansehen in der Gruppe, wenn Ihr Kind sich stärker einbringt. Wenn Ihr Kind sich auf die beiden folgenden Merksätze oder auf andere, selbst erfundene Sätze konzentriert, wird das mit der Zeit besser klappen:
▶ Steh nicht einfach nur so da, sag auch selbst was – alles klar?
▶ Nicht verzagen, auch was sagen.

Tipp 53

DER LEHRER IM PYJAMA

Viele Kinder haben einen Lehrer oder eine Lehrerin, den oder die sie aus irgendeinem Grund zum Fürchten finden. So können manche Unterrichtsstunden regelrecht zur Qual werden. Oft hilft es da, sich klarzu-machen, dass der Lehrer ein Mensch wie jeder andere ist. Ihr Kind soll sich vorstel-len, dass dieser Lehrer nicht geschniegelt und gebügelt an der Tafel steht, sondern versehentlich im Pyjama zum Unterricht gekommen ist. Im gestreiften Schlabber-look steht er mit einem Stück Kreide in der Hand an der Tafel – und ist schon gar nicht mehr zum Fürchten, sondern eher zum Ki-chern. Auch eine strenge Lehrerin verliert viel von ihrer unangenehmen Ausstrahlung, wenn Ihr Kind sich vorstellt, dass sie noch Lockenwickler im Haar hat und im Nacht-hemd dasteht. Oder vergessen hat, die Tagescreme im Gesicht zu verteilen, und jetzt mit weißen Cremetupfern vor der gan-zen Klasse steht.

Tipp 54

FABELN LESEN

Fabeln helfen in schwierigen Situationen, die Angst zu besiegen und neuen Mut zu schöpfen. Auch wenn Sie Ihrem Kind bei einem Problem nicht konkret weiterhelfen können, so kann doch eine dieser Tier-geschichten sehr wirksam sein. Lesen Sie ihm eine Tierfabel vor.

Tipp 55

DEINE ANGST SCHMILZT

Angst kann lähmen, sie macht den Mund trocken, die Zunge schwer und jagt einem einen Schauer über den Rücken. Mit der folgenden Vorstellungsübung kann Ihr Kind gegen diesen Kälteblock der Angst angehen.

Stell dir vor, du bist ganz warm und dick angezogen. Du hast eine Mütze mit Ohrenklappen auf dem Kopf, eine dicke Jacke an, warme Handschuhe an den Händen, eine gefütterte Hose und hohe Pelzstiefel. Du bist gut eingepackt und Kälte kann dir nichts anhaben.
Es gibt sehr viele Dinge, die dich freuen, aber es gibt auch ein paar unangenehme Dinge, vielleicht sogar welche, vor denen du Angst hast. Jetzt denk an etwas, das dir Angst macht. Stell es dir vor, schau ruhig hin und lass deine Angst kommen. Du bist dick angezogen und sie kann dir so schnell nichts anhaben. Deine Angst steht jetzt da als kalter, klarer großer Eisblock. Du siehst deinen Atem als Dampfwolke. Es ist kalt,
aber du atmest ruhig und gelassen weiter. Der Eisblock strahlt Kälte aus, aber das kann dir nichts anhaben, denn du bist gut gerüstet. Schau dir den Eisblock an, er ist weiß und leicht blau. Und wenn du noch genauer hinschaust, wirst du sehen, dass er langsam schmilzt. Von oben beginnt er zu schmelzen und Stück für Stück immer kleiner zu werden. Die Oberfläche des Blocks wird glatt und klar und der Block wird immer kleiner. Auf dem Boden hat sich eine große Pfütze gebildet. Deine Angst schmilzt und schmilzt und dir wird immer wärmer. Der Eisblock ist nur noch so groß wie ein Fußball, du schaust hinunter und lächelst. Du setzt die Mütze ab, machst die Jacke auf und ziehst die Handschuhe aus. Der Eisblock deiner Angst ist nur noch so groß wie ein kleiner Eiswürfel. Du nimmst ihn in die Hand und in deiner Hand schmilzt er und tropft auf den Boden und nichts ist mehr von ihm übrig. Deine Angst ist jetzt weggeschmolzen und nicht mehr da.

© 2000 Christophorus-Verlag GmbH
Freiburg im Breisgau

Alle Rechte vorbehalten
Printed in Italy

ISBN 3-419-53430-2

Cover und Layoutentwurf: Network!, München
Layout und Gesamtproduktion: smp, Freiburg
Fotos: Ulrich Niehoff: S. 4; Heidi Velten: S. 6, 9, 32, 38;
Hartmut Schmidt: S. 12, 41; Jutta Weser: S. 22, 44
Titelfoto: Network!, München
Illustrationen: Klaus Puth
Druck: Eurografica SpA, Marano Vicentino